¡Vete!

Janine Amos Ilustraciones de Annabel Spenceley
Consultora Rachael Underwood

Gareth Stevens Publishing
A WORLD ALMANAC EDUCATION GROUP COMPANY

Please visit our web site at: www.garethstevens.com
For a free color catalog describing Gareth Stevens Publishing's
list of high-quality books and multimedia programs, call
1-800-542-2595 (USA) or 1-800-387-3178 (Canada).
Gareth Stevens Publishing's fax: (414) 332-3567.

Library of Congress Cataloging-in-Publication Data available upon request
from publisher. Fax (414) 336-0157 for the attention of the Publishing
Records Department.

ISBN 0-8368-3683-9 (lib. bdg.)
ISBN 0-8368-3697-9 (softcover)

This edition first published in 2003 by
Gareth Stevens Publishing
A World Almanac Education Group Company
330 West Olive Street, Suite 100
Milwaukee, Wisconsin 53212 USA

Series editor: Dorothy L. Gibbs
Graphic designer: Katherine A. Goedheer
Cover design: Joel Bucaro
Translators: Colleen Coffey and Consuelo Carrillo

This edition © 2003 by Gareth Stevens, Inc. First published by Cherrytree Press,
a subsidiary of Evans Brothers Limited. © 1999 by Cherrytree (a member of the
Evans Group of Publishers), 2A Portman Mansions, Chiltern Street, London
W1U 6NR, United Kingdom. This U.S. edition published under license from
Evans Brothers Limited. Additional end matter © 2003 by Gareth Stevens, Inc.

Printed in the United States of America

1 2 3 4 5 6 7 8 9 07 06 05 04 03

Una nota a los padres y a los educadores

Pueden utilizar las preguntas que aparecen en **negrita** para iniciar
un debate con sus hijos o con la clase. Animen a los niños a pensar
en posibles respuestas antes de continuar con la lectura.

El cuento de la abuela

Ben está mirando una oruga.

La abuela está leyendo un cuento a Chen y a Luke.

Ben decide que él también quiere oír
el cuento. Se acerca a la abuela.

El pasa por encima de las piernas de Luke
para llegar a las piernas de la abuela.

"¡Vete!", grita Luke.

¿Cómo crees que se siente Ben?

"Mira, Luke", dice la abuela,
"yo creo que Ben quiere escuchar también".

"Pero yo estaba aquí primero", dice Luke.

La abuela se sonríe. "¡Todos quieren
sentarse en mis piernas!", ella dice.

"Quisiera tener piernas de gigante", dice
la abuela. **¿Qué crees que pueden hacer?**

13

"Me sentaré a tu lado, abuela", le dice Chen,
"y Ben puede sentarse en mis piernas".

"¡De acuerdo!", dice Ben.
¿Cómo crees que se siente Ben ahora mismo?

"¡Ahora todos tenemos
donde sentarnos!", dice la abuela.

La tienda de Nadia

Nadia dice que tiene una tienda.
En su tienda hay manzanas, huevos, y pan.

Aquí viene Maggie.
"Seré la dependienta", dice ella.
"Tú puedes comparme cosas".

Maggie recoge unas piedras.
"Estas sirven de dinero", dice.

"¡Vete!", grita Nadia.
¿Cómo crees que se siente Maggie?

21

Steve se acerca.
"Pareces disgustada, Nadia", le dice.
"¿Qué está haciendo Maggie que no te gusta?"

"Ella quiere ser la dependienta", dice Nadia,
"¡pero la dependienta soy yo!"

23

"¡Yo también quiero vender cosas!", dice Maggie.

"Ajá", dice Steve, "así que las dos quieren ser dependientas".

"Sí", dice Maggie.
Nadia afirma con la cabeza.
¿Qué crees que pueden hacer?

"Podemos tener dos dependientas", dice Nadia.

"¿Pero quién será el cliente?", pregunta Maggie.

Maggie mira a Nadia.
Nadia mira a Maggie.

Nadia y Maggie miran a Steve.

"¡Puede ser Steve!", gritan las dos.
¿Cómo crees que se siente Steve?

"¡Vete!" es una manera de decir a las personas que no nos gusta lo que están haciendo, pero también puede hacer que ellos se sientan disgustados. En lugar de eso, piensa qué es lo que tú quieres y díselo a tu compañero. Si quieren cosas diferentes, traten de hablar. Los dos pueden encontrar una solución al problema.

Más libros para leer

Badger's Bad Mood. Hiawyn Oram (Scholastic)

Go Away, Shelley Boo! Phoebe Stone
(Little, Brown and Company)

How to Lose All Your Friends. Nancy Carlson
(Econo-Clad Books)